Una sorpresa para M...
Espero que disfrutes de...
Muchos deseos para la felicidad.

Para Mimi Kate,
With tons of hugs and loves!
Tía Fina

Foto de Ana Morris

Dedico todos mis libros a mis padres que siempre me han animado a enseñar y a escribir. Ellos viven por ejemplo y los quiero de todo mi corazón.

Quisiera darle las gracias a Dale Morris por servirme de primer redactor de este libro y con las mejores intenciones. El me enseñó que quitar palabras innecesarias no es nada como quitarnos las extremidades. Los autores a veces se apegan a sus palabras.

Le ofrezco un agradecimiento enorme a mi amiga Begoña Lecea de Pamplona, España, que se fijó en algunos detalles al final por lo cual le doy mil gracias y besos.

Erin en este cuento es mi sobrina y ahijada. Siempre hemos compartido un amor de las flores y de la belleza. Su sonrisa ilumina donde sea que entre. Todavía tengo el ángel de jardín que me regaló. Siempre me recuerda que ando bien acompañada.

www.mascotbooks.com

¡Sorpresa en el jardín de la tía!

©2013 Ana Morris. All Rights Reserved. No part of this publication may be reproduced, stored in a retrieval system or transmitted in any form by any means electronic, mechanical, or photocopying, recording or otherwise without the permission of the author.

For more information, please contact:
Mascot Books
560 Herndon Parkway #120
Herndon, VA 20170
info@mascotbooks.com

Library of Congress Control Number: 2012955278

CPSIA Code: PRT0813A
ISBN-10: 1620862263
ISBN-13: 9781620862261

Printed in the United States

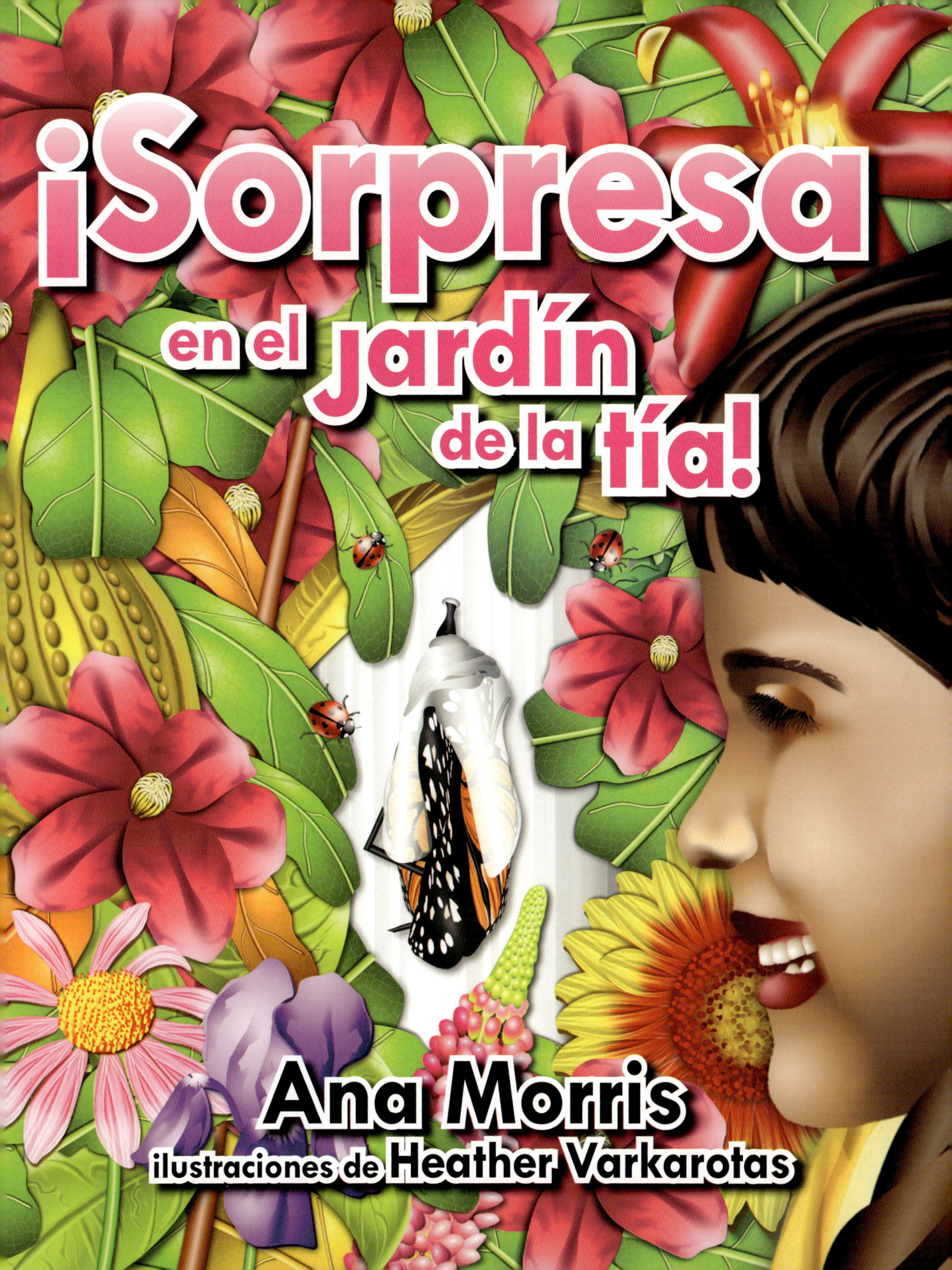

A la tía Ana le encantaban las flores, y a Erin también.

La tía cultivaba flores en su jardín. Cuando de bebé lloraba Erin, la tía la llevaba afuera al jardín y le decía en voz bajita, -Ch, ch, ch, Erin. ¡Mira las flores tan bonitas!-

Erin dejaba de llorar y miraba las flores que Tía le enseñaba.

Cuando Erin era un poquito mayor y visitaba, Tía le cortaba flores para regalarle a la mami de Erin.

Un año, Erin le hizo un regalo a Tía. Era un ángel para poner en el jardín de flores.

A la tía le encantaba el ángel y encontró un lugar especial para ponerlo en el jardín de flores cada primavera.

Lo llamaba su ángel de la guarda.

Un día de verano más tarde, Erin estaba en el jardín de la tía y estudiaba las flores.

Llamó, - ¡Tía, mira este gusano! ¡Es gordo y tiene rayas! –

Tía corrió al jardín. Vio que Erin estaba junta a la cerca, donde había unas malas hierbas bastante altas.

- Dios mío - dijo la tía. - No he quitado todas las malas hierbas. ¡Mira todo el algodoncillo!

- ¿Qué es algodoncillo?- le preguntó Erin.

- Es esta mala hierba con las hojas y el tallo grandes.
Cuando se rompe el tallo de una planta,
sale un líquido blanco.

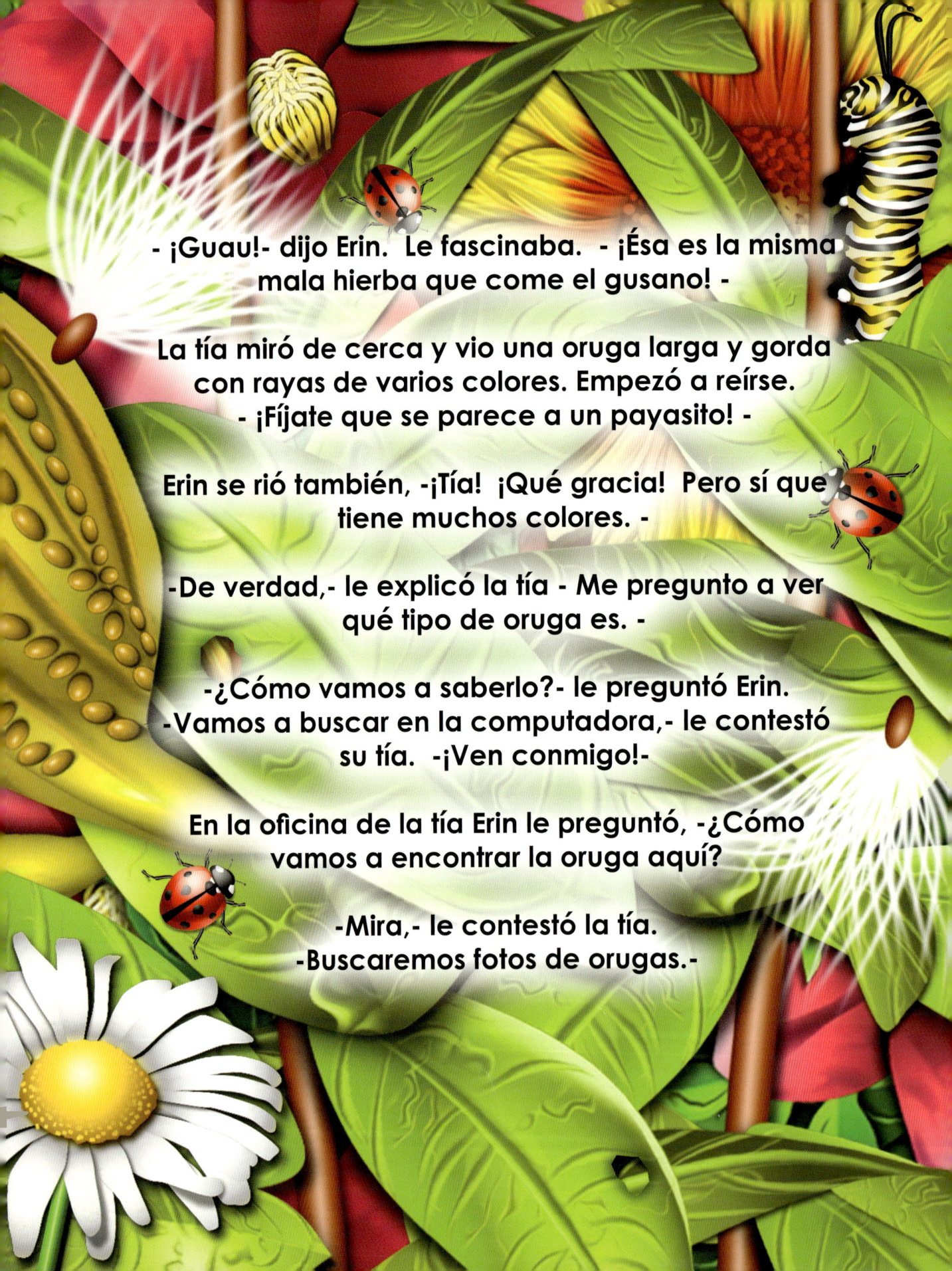

- ¡Guau!- dijo Erin. Le fascinaba. - ¡Ésa es la misma mala hierba que come el gusano! -

La tía miró de cerca y vio una oruga larga y gorda con rayas de varios colores. Empezó a reírse.
- ¡Fíjate que se parece a un payasito! -

Erin se rió también, -¡Tía! ¡Qué gracia! Pero sí que tiene muchos colores. -

-De verdad,- le explicó la tía - Me pregunto a ver qué tipo de oruga es. -

-¿Cómo vamos a saberlo?- le preguntó Erin.
-Vamos a buscar en la computadora,- le contestó su tía. -¡Ven conmigo!-

En la oficina de la tía Erin le preguntó, -¿Cómo vamos a encontrar la oruga aquí?

-Mira,- le contestó la tía.
-Buscaremos fotos de orugas.-

-¿Tan fácil es?- le preguntó Erin.

-A veces,- le contestó la tía Ana.

-A ver...f-o-t-o-s d-e o-r-u-g-a-s, - entró la tía en la computadora.

Se aparecieron fotos de orugas en la computadora.

-¡Perfecto!- dijo la tía. -¡Es exactamente lo que buscamos!

¿Ves las fotos, Erin? ¿Ves al señor Payaso por algún lado?-

-¡Allí está!- se rio Erin al ver la oruga de rayas. -¿No es él?-

-Claro que lo es,- contestó su tía.

-¿Qué tipo de oruga es?- preguntó Erin.

-¡Es MONARCA!- dijo la tía con sorpresa.

-¿Cómo la mariposa anaranjada y negra?- a Erin se le abrieron mucho los ojos.

-¡Exactamente!- ¡Qué sorpresa les fue para las dos!

Monarch Caterpillars.jpg

butterflies.com

600 x 400 - Caterpillars will take one to three weeks to reach pupation size.

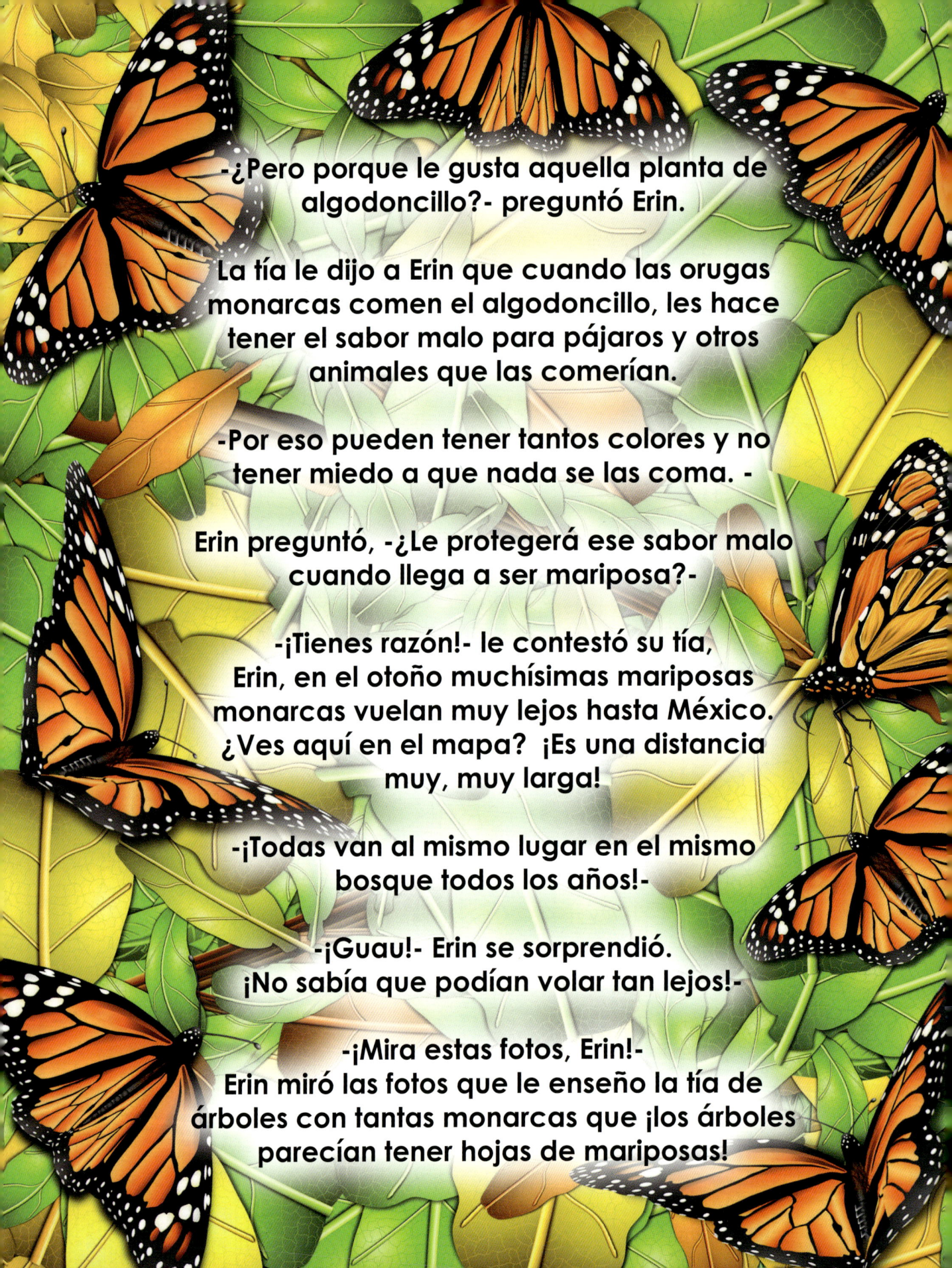

-¿Pero porque le gusta aquella planta de algodoncillo?- preguntó Erin.

La tía le dijo a Erin que cuando las orugas monarcas comen el algodoncillo, les hace tener el sabor malo para pájaros y otros animales que las comerían.

-Por eso pueden tener tantos colores y no tener miedo a que nada se las coma. -

Erin preguntó, -¿Le protegerá ese sabor malo cuando llega a ser mariposa?-

-¡Tienes razón!- le contestó su tía, Erin, en el otoño muchísimas mariposas monarcas vuelan muy lejos hasta México. ¿Ves aquí en el mapa? ¡Es una distancia muy, muy larga!

-¡Todas van al mismo lugar en el mismo bosque todos los años!-

-¡Guau!- Erin se sorprendió. ¡No sabía que podían volar tan lejos!-

-¡Mira estas fotos, Erin!- Erin miró las fotos que le enseño la tía de árboles con tantas monarcas que ¡los árboles parecían tener hojas de mariposas!

-¡Ahhh!- dijo Erin. Miró la foto.

Erin y su tía estaban fascinadas con la oruga monarca.

En el otoño Erin visitó a la tía otra vez, y antes que nada fue a la planta de algodoncillo a ver si estaba el señor Payaso.

-¡Tía! ¡Mira! gritó Erin. Estaba emocionada. - ¡Mírale al señor Payaso! ¿Por qué está así? ¿Podemos ayudarlo?-

-No, - le contestó la tía. - Ya ha empezado a hacerse el capullo. Su capullo se parecerá al plástico verde y le protegerá bien este invierno. –

-¿Cuánto tiempo le costará hacerse el capullo?- preguntó Erin.

-Ay, Erin, tardará toda la tarde y hasta la noche. Ha empezado, pero es trabajo muy lento, muy importante para el señor Payaso. –

-¿Puedo volver a visitarte para ver el capullo después de terminarlo?- preguntó Erin cortésmente.

-¡Por supuesto, cariño!- Tía le contestó.

Erin volvió de visita otra vez en el otoño para ver el capullo ya completo.

-¡Tía! ¡El capullo se parece a una bellota verde colgada de la cerca!-

- ¡Qué maravillas puede hacer una oruga gorda de pintas raras! - respondió su tía. - ¡Ay, sí! - le contestó Erin. - ¡Me alegro que terminó el trabajo antes del invierno!-

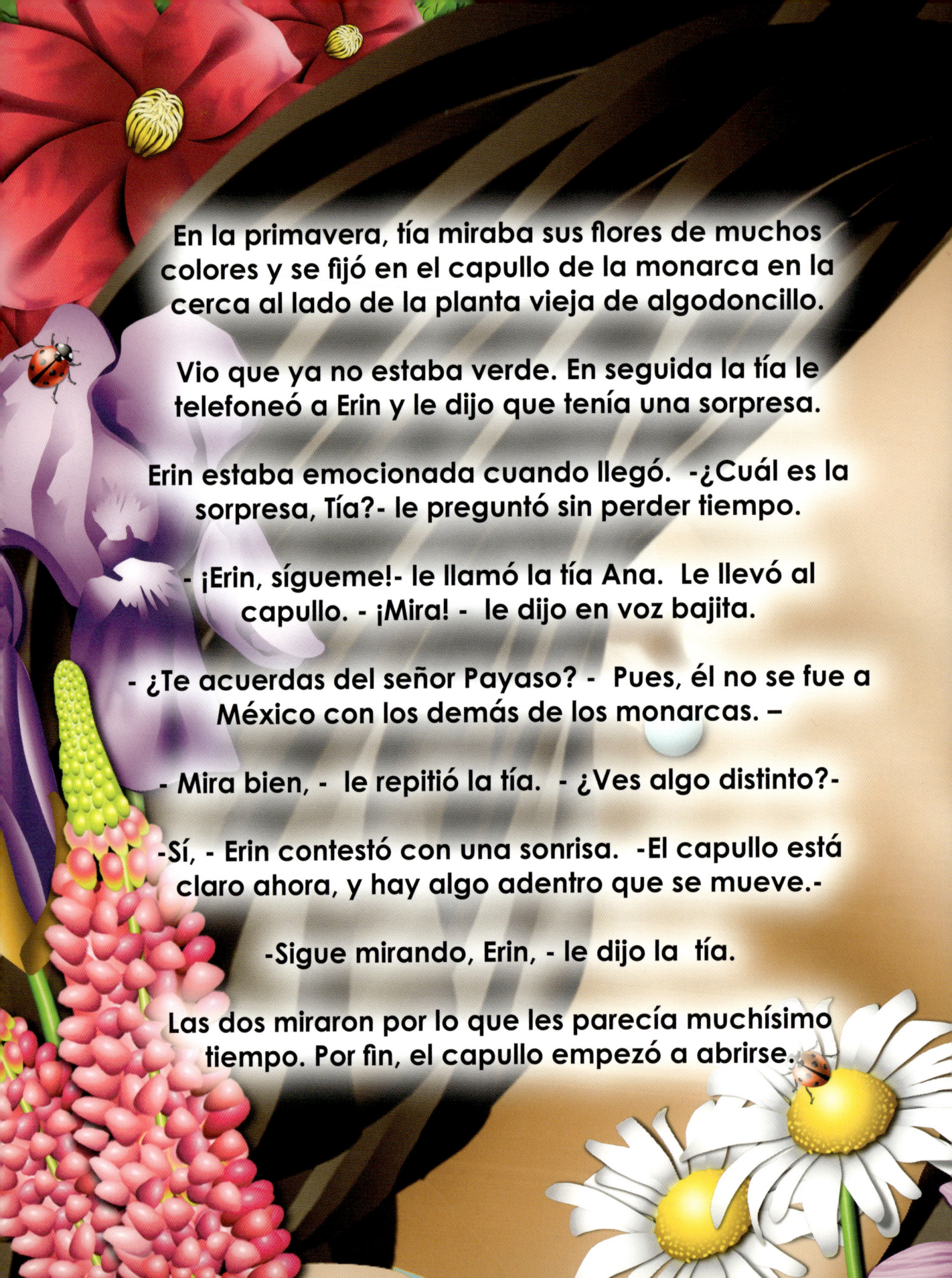

En la primavera, tía miraba sus flores de muchos colores y se fijó en el capullo de la monarca en la cerca al lado de la planta vieja de algodoncillo.

Vio que ya no estaba verde. En seguida la tía le telefoneó a Erin y le dijo que tenía una sorpresa.

Erin estaba emocionada cuando llegó. -¿Cuál es la sorpresa, Tía?- le preguntó sin perder tiempo.

- ¡Erin, sígueme!- le llamó la tía Ana. Le llevó al capullo. - ¡Mira! - le dijo en voz bajita.

- ¿Te acuerdas del señor Payaso? - Pues, él no se fue a México con los demás de los monarcas. –

- Mira bien, - le repitió la tía. - ¿Ves algo distinto?-

-Sí, - Erin contestó con una sonrisa. -El capullo está claro ahora, y hay algo adentro que se mueve.-

-Sigue mirando, Erin, - le dijo la tía.

Las dos miraron por lo que les parecía muchísimo tiempo. Por fin, el capullo empezó a abrirse.

-¡Tía! ¡Mira!- Erin estaba preocupada. -¡Parece que está lastimado! ¡Su cuerpo está grande y las alas están pequeñas!-

-Sigue mirando, - le dijo su tía y le explicó,

-La mariposa tiene que salir del capullo solito y es mucho trabajo para una mariposa nueva. Usa su cuerpo grande para ayudarle a salir del capullo. –

Al mirarla, la mariposa se extendió lentamente. ¡De verdad que parecía tardar una eternidad!

Erin volvió a mirar las flores de primavera.

-¡Tía!- gritó. -¡Ya has sacado el ángel! ¡Lo veo en el jardín!-

-¡Claro que sí!- le contestó la tía. -¡Siempre es la primera cosa que saco en la primavera!-

Erin sonrió con orgullo y le dio un abrazo fuerte a su tía.

Después volvieron a la cerca para ver cómo estaba la mariposa. Su cuerpo y sus alas habían cambiado y parecía mucho mejor.

-¡Qué bonito está todo esto!- Erin tenía mucho interés y miraba cada detalle.

-¡Jamás he visto nacer a nada!-

-Recuerda, no está naciendo la mariposa, está RE-naciendo. El año pasado era oruga, y ¡ahora se ha hecho mariposa!-

-¡Tía, mira!-

La mariposa había terminado de extenderse y ahora estaba moviendo las alas.

Mientras Erin y su tía miraban, simplemente subió al aire y desapareció. Las dos le despidieron con la mano, -¡Feliz primavera, Señor Payaso!-

Las dos llevaban unas sonrisas muy grandes.

Ana Morris se interesa profundamente en la enseñanza. Sabe que los niños tienen las imaginaciones muy vivas y unas ganas tremendas de aprender. Morris se interesó en escribir cuentos para niños con la intención de recordar experiencias con familiares jóvenes tocadas con memorias de su propia juventud. De maestra y de trabajadora comunitaria, Morris ha colaborado con y ha servido a gente de muchas culturas nuevas a nuestro país incluso a nuestros amigos latinos. Habla y escribe inglés tanto como español. Tiene esperanzas de animarles a los niños y a sus padres que aprendan a leer su lengua nativa tanto como de motivarles a los que aprendan idiomas. En cada cuento incluye un modelo adulto positivo, un niño o una niña con curiosidad y una experiencia única. Ana Morris también es autora de *Mommy and Mikel Go for a Walk/Mikel y Mami dan un paseo.*